닭

최준 시집

닭

달아실시선
98

달아실

보조 용언과 합성 명사의 띄어쓰기 등 본문의 맞춤법은 시인의 의도에 따른 것임.

시인의 말

갖은 풍자와 모멸을

온몸으로 받아내면서,

퍼덕거리면서,

그러나 날지는 못하고,

우글거리며 지상에서 살아가야 하는,

모든 가혹한 운명들에게
이 레퀴엠을,

이 편협한
이기적인 사랑을…….

2025년 9월 고향 정선에서
최준

차례

닭   시인의 말   5

                                      닭

우리에 갇히다   10
밤에 바라본 산   11
우울해   12
구석에서 중얼거리다   14
욕하는 마음을   16
어두운 쪽은 어두운 쪽으로   18
나를 읽다   20
나나나나나   22
물을 버리다   24
막막함으로   29
불구의 발바닥   30
가는 길   32
일상들   34
질서   36
부지불식간에   38
평화   40
벼슬   42

불치의 봄	44
역전을 꿈꾸지 않는다	46
나날들	48
문의 턱	50
불길한 새벽	52
어쩌다가	54
세월	55
부대낌 없이	56
재소자 — 행로를 이탈한	58
길이 없으니	60
혼숙의 날들	62
수탉	63
모르겠다는 것뿐	64
먹이의 사슬	66
들어본 일 있는지	68
겨울의 시절	70
우글거린다	71

우리는	72
미운 오리새끼	74
남대문시장	76
미로	78
닭집 골목	80
가시 돋친 마음이	82
무정란	83
갑옷	84
자문	86
고백 ― 조류독감	87
아침 염탐	88
칩거	90

해설 _ 비천함 속에서 피어나는 생의 장엄함 • 임지훈 93

우리에 갇히다

우리는 우리에 갇혀서 산다

어떤 우리이든 우리는 우리 안에서 산다

밤에 바라본 산

저 앞산 무너져 내려
내 발등 찍는 밤
앞산 그림자가 휙, 내 가슴 관통해
뒷산 이마를 치는 밤

빛과 그림자의 세상이여

날개 가진 것들은 모두 저렇게
배면이 징그러워
바닥에 이르지도 못하는구나

그림자 속에서 바라보면
울울창창한 산은 나무의 깃털들

무수한 날개로 제 몸 부채질하는
복합명사다

우울해

햇빛 없는 날은 우울해

햇빛만 있는 날은 더 우울해

비 내리는 날은 더, 우울해

비가 그치면 더, 더, 우울해

어두워, 우울해

낮과 밤이 모두 우울해

너를 만나면 우울해

너를 만나지 않아도 우울해

우울해 우울해 우울해 나날들이

아주 우울해

누가 뭐래도 우울해

어쨌든 우울해

우울해

우울증이야 이런 우울을

사랑해

그래서 우울해

우울해!

구석에서 중얼거리다

비 맞고 돌아온 날

온몸 젖어 오슬오슬 떨리는 날

죽지에 얼굴 묻고
세상에서 마음 거둔 날

모든 거처는
떠나보내고 싶은 날

그런 날
구석에서 쓰러져 새우잠 들고 싶은 날

자학도 없이
자해도 없이

어머니, 당신은 왜 저의 알을
대신 낳으셨나요?
물음도 대답도

없이

비 맞고 돌아온 날

구석에서 혼자 중얼거리고 싶은,

부리로 몸의 깃털 뽑아버리고 싶은,

알몸으로, 마음 밖에서

마음에게 욕설 퍼붓고 싶은

아파!
아파!

무작정 아프고만 싶은

욕하는 마음을

1
욕설 같다 설핏 들으니
안 들은 것 같다
가도, 귀 기울여보면 다시
무슨 노래 같다

한밤이 다 지나간 것 같다
가도, 눈 떠보면 세상은 캄캄하다
세상 찢어져 열린 하늘
별이 떠 있다

이 자리가 바로 내 자리로구나!
여기서 내가 살아왔구나!

2
운다 내 울음
끌려온 것 같기도 하고
끌고 온 것 같기도 한

다리가 마음을 지탱해주는 것도
한계가 있지

욕하는 마음을 목청이 운다
고픈 창자 거머쥐고 밤새 운다

가도,

가도,

가도,

…….

어두운 쪽은 어두운 쪽으로

어두운 쪽을 오랫동안 응시하며 살았어
어두운 쪽은 늘 어두운 쪽이었는데
어두운 쪽을 밝은 쪽으로 바꿔보려 했었어
그건 햇빛을 거둬들이는 일
몇 날 며칠 햇살 끝을 끌어다가
어두운 쪽에 쟁여놓아도 어두운 쪽은
어두운 쪽이었을 뿐

내 세상 한 곳이 어두워 있었어
그게 늘 불만이었는데
이따금 세상의 모래톱에 몸을 묻었어
여름의 뜨거운 모래톱에 몸을 묻으면
아뜩한 현기증 속으로 세상은 한동안씩
흐름 멎어버리곤 했어
봄부터 예견했던 우기가 오고
비만 내렸어 내 집과 모래톱이
하룻밤 새 쓸려 내려갔지
오래됐지만 기억하고 있어
어두운 쪽은 늘 그렇게

어두운 쪽이었던
가끔 세상을 조깅하거나
날아오르려 기 쓰고 날개 퍼덕거릴 때에도
어두운 쪽은
언제나 어두운 쪽으로

나를 읽다

불가능해
군거의 희로애락을 구분하는
군거의 기쁨 안에 고통이 존재하는
군거의 고통 안에 기쁨이 존재하는
그 경계를 구분하는
끝내는 혼자인 거
도대체 부당하고 불쾌해

제각기
더더욱 소외당하는 거
저마다 구절양장 속에 마음 감추고
남몰래 열어보기나 하는
한없이 짙어가는
늦가을의 새벽안개

미궁으로 빠져들어가는
서로의 등 떠밀어
밀고 밀리며 미궁으로
곳곳에서 내지르는

얼굴 없는 비명소리
더러는 강물에 빠져들고
더러는 벼랑으로 추락하고
그렇게 끝나버리는

불가능해
군거의 기쁨 안에 고통을 가두는
고통으로부터 탈출하는

너무 어렵고 고통스러워
아무도 그것 때문에 고통하지 않았고
않아 왔으니
당연한 결과야
와야 할 현세가 오고 만 거야

나나나나나

아파트 옥상에서 추락한 병아리

봄날 오후의 작은 비극이다
사육의 기쁨을 가르쳐주려고
여덟 살과 여섯 살 남매를 둔 가장이
퇴근길에 사 들고 온
병아리

아이들이 병아리를 죽였다
날개가 있으니 어디 마음껏 날아보라고
종이비행기 접어 띄우듯
십사 층 아파트 옥상에서

세상엔
나를 사육하는 다른 내가 무수하거니
일탈이 용서받지 못하는 이유
병아리를 죽인 건 아이의 순진성
날개 가진 것은 의당 그 날개
필요할 때 써먹을 줄 알아야 한다는

병아리는 너무 일찍 자신을 깨달았던 것
그게 불행이었다는 걸
짧은 세상살이에서 알고 갔을까

지상에서는
제 날개 하나의 상징에 지나지 않았음을
목숨을 담보로
아이들에게 멋지게 한 번
보여준 걸까

나나나나나

물을 버리다

두려워

물을 버리고 산 날들이

두려워

흘려버린 물의 날들이

두려워

그 흐름, 너무 방관했었어

두려워

흘러가버린 물의 날들이

두려워

역류 없는 물의 흐름이

두려워

뒤돌아보지 않을 기억이

두려워

버렸니?

몸만 왔니?

갈아엎은 밭이랑의 빗물이

두려워

물 마신 이웃이

두려워

물 없이 가는 생이

두려워

물의 생이

두려워

한 모금 입에 물고

하늘 한 번 쳐다보고

두려워

또 한 모금 입에 물고

하늘 한 번 쳐다보고

두려워

물의 날들이

두려워

물 버린 날들이

두려워

버린 물의 몸이

두려워

물의 몸이 버린 물이

두려워

물의 생이 모두

두려워

두려워

다시 올 새벽이

막막함으로

세월이 있다

세월이 있어
내가 있다

내가 있어
고통이 있다

고통이 있으니까
내가 산다

불구의 발바닥

더러운 곳에서 산다는 생각도 없이 살아간다

가두는 손 있으면 가두어지고
주면 주는 대로
굶기면 굶는 대로

그렇게 살다 가면 그뿐
버팀으로 무리 이루어

동시대를 그렇게 살다가

어느 날, 문득
그대들 곁에서 사라진 나를
발견하리라

오래 걸어 부르트고 굳은살 박인
불구의 발바닥 내려다보면서

지난 세월을 울리라

눈물 마른 가슴을 쪼며

가는 길

그러려니 하며 시장통에서
그런 것이려니 하며
집행자의 손아귀에서
머리가 없으므로 생각할 수 없고
두 다리 잘렸으므로 도주할 수 없다
내장이 파헤쳐져 들어내어졌으므로

나는 모든 비밀이 사라진 육체

잘린 머리는 시궁창으로
다리와 날개는 포장마차로

살아생전 한 번도 만난 일 없던 그대와
함께 갇힌 철망 안에서
마지막 한 번 인사 없이 마주보곤
안개 자욱한 시장통에 머리 떨군
오늘 아침 여덟 시
엉겨 붙은 피 씻어낸 몸의 물이 마르기도 전에

너는,

비닐에 싸여 시장바구니 속으로

나는,

펄펄 끓는 기름 속으로

일상들

어떤 날은
현실이 지나치게 꼬여 있다는

내부가 얽히고설켜
도저히 풀 길 없다는 생각

도막도막 끊어내어
다시 조립하고 싶다는,

산과 나무와 돌들이
저들끼리 잘살고 나만 버렸다는,

현실의 담장 밖으로 나만 추방당했다는
닳아빠지게 내뛰어봤자
그래 봤자, 라는 생각

남는 건 절망과
부정뿐이라는,

견딜 수 없어라
내가 새벽으로 다시 돌아와 앉아 있는 새벽
내 안의 무언가가 끄륵끄륵
울음 삼키고 있는 게 있다

이 울음 그치면
나도, 라는

질서

겨울의 다섯 시와
여름의 다섯 시는 다르다
겨울의 다섯 시는 밤에 가깝지만
여름의 다섯 시는 아침에 더 가깝다
겨울의 다섯 시는 잠
여름의 다섯 시는 현실이다
겨울의 다섯 시는 조용하고
여름의 다섯 시는 너와의 화해가 필요해
겨울의 다섯 시는 눕고 싶지만
여름의 다섯 시는 집 떠나는 시간
겨울의 다섯 시는 물이 그립고
여름의 다섯 시는 칼이 무섭다
겨울의 다섯 시는 어둠이 유예되기를
여름의 다섯 시는 밝음이 지속되기를
기다린다 오,
겨울의 다섯 시와
여름의 다섯 시는 공존 불가능한 것
겨울의 다섯 시는 겨울의 다섯 시
여름의 다섯 시는 여름의 다섯 시

견딤의 시간들
뒤의, 뒤의 시간들
일출 일몰의,
우우 무수한 쇠락의,
무질서의,

이걸 우리는
닭장 속의 질서라고

부지불식간에

배추들이 얼어 죽는 서리의 세상이다
서리 내린 배추밭 세상이다
느닷없이, 하루아침에
폭삭, 주저앉는다
이가 갈린다 조용한 배추밭
전장 정리 안 된 각개전투교장 같다
방치되어 있다 서리만 내리고
배추만 얼어 죽었다
한 번 죽은 배추포기들은
부활하지 않는다
몰살한 배추들의 장배기 위로
호된 서리 내린다 내린 뒤에
배추들 몰살한 후에
밭이랑 사이
걸어가다 보면
살아 있음이 미안하다
죄스럽다 죄책감으로
때늦게 해 뜬다 일어난다
진다 잔다

이 부동의 삶, 산다
서리의 끔찍한 폭력이다
일제히 얼어 죽은 배추포기들 사이로
때늦게 햇빛 내린다
늦었다 너무 늦었다 무수한
무저항주의자들 앞에
염주알 눈동자 또록또록 굴리며 간다

평화

누군가의 가쁜 숨소리가 귓전에서 들려온다
다른 누군가의 발이 우악스럽게
내 발을 밟고 지나간다
또 다른 누군가의 머리통이
옆구리를 강타한다
가해의 얼굴 확인할 여유가 없다
적의 드러낼 짬이 없다
뱃속 채우기에 급급해
정신없는 내가 누군가의 등짝을 타고 넘는다
다른 누군가의 죽지를 꺾어버린다
또 다른 누군가의 진로를 필사적으로 제지한다
먼저 도달해야 한다
먼저 보고 먼저 삼켜버려야 한다
길과 길 아닌 곳 없는
더러운 발 냄새와 소요 와중에
후줄근히 소금자루가 되어버린다
그 격렬한 몸싸움 끝에야 찾아오는
포만의 기쁨
언제 그랬던가 싶게

각자의 자리로 돌아가 늘어지는
이기고 진 자 가릴 길 없는
이 난장 평화의 시간에
누군가가 중얼거린다
이제 그만 부대끼며 살자
이 혼숙의,
혼란의 무질서
일정 거리 유지하며 몸 서로 기대지 않는
거리의 나무들은 얼마나 아름다운가
지당하신 말씀이라고
다른 누군가가 고개 주억거린다
또 다른 누군가가 손뼉 치며 동의한다
그렇게 무수한 반성의 한때를 보내면서도
우리는,

벼슬

저놈이야
벼슬이 있는 자를 조심해야 돼
큰 대가리 정수리 위에
벼슬을 달고 있는 저놈을 건드리지 마
놈은 힘이 세고
언제나 저의 힘 과시할 준비가 되어 있거든
절대로 놈과 눈 마주쳐선 안 돼
놈이 가까이 오거든 돌아서 버려
어쩔 수 없이 마주서게 되면
그땐 모든 걸 양보해야 돼
비겁한 게 차라리 나아
괜한 용기 부리려 하지 마
언젠가는 놈도 죽어 썩어질 테니
조용히 참으며 잠자코 기다려
놈에 대한 적의만 품고 살면 돼
마음만 용서하지 않고 있으면 돼
불상사는 언제나 약자에게만 있을 뿐이야
놈이 사라질 날 기다리며
우리끼리 살아가면 돼

저놈은 반성을 도통 모르는 놈이야
그래서 강해
놈이 미치면 누군가가 또 다치게 돼
어떤 이유로든 놈을 화나게 해선 안 돼
강한 만큼 우둔하고 단순하니까
벼슬의 힘만 믿고 더없이 오만하니까
혼자 있게 내버려 둬
그렇게 살다가 죽어 썩어질 거야
놈의 죽음에 눈물만 보태지 않으면 돼

불치의 봄

언제나 늦은 후회
눈물의 낭하
계단 삐걱거려
관절이 무너진다 골다공증의
병 깊다 불치다
그게 아니었는데
아니었는데 병이
아니었는데
병이었음을 알아채기 전까지
불치로 밝혀지기 전까지

나는 아픈 몸이 아니었다
느닷없이 삶이 짧아지면서
지난 생이 덧없이 우스워지면서
삶의 끝이 보이기 시작하면서
아무에게나, 내 남은 사랑을 증오를
맘껏 허락하고 싶지만

오, 하지만 이 끈

오직 보행 중일 때만
결박 풀리는 운명의 천산험로
식솔이여 피붙이여 나 버려두고
먼저 길 떠나라

나,
검불 몸 누일 무덤자리 찾아
봄볕 속을 기어나온다
눈물이 발밑에 떨어져
깊고 긴 낭하를 이루고 있다
불치의 봄, 다시 손볼 수 없는 현실의
마지막 봄이다

역전을 꿈꾸지 않는다

불에 구워진다
물에 잠겨 삶아진다
빈 뱃속에
찹쌀과 대추와 밤이
여섯 해 그 모둠발로 땅의 힘 움킨
인삼이 채워지고
무명실로 꿰매어진다

파 마늘과 소금을
식탁 앞에 늘어놓고
그대는 기다리고 있다
즐거운 포식의 시간이 어서 오기를

포식자인 그대와
피식자인 나
먹이사슬의 질서 유지를 위해
기 쓰고 현 위치 사수한다

나는 역전을 꿈꾸지 않는다 안다

생은 끝끝내 내게
역전은 없다

나날들

꽃이 아니었기 망정이지
이 봄에 나는
우주를 일만 번 이상 돌아본 것이다

별자리가 무수히 바뀌지 않던가
그러고도 못 느낀 어지러움을
막 채밀 떠나는 벌들이
온몸으로 출사표 쓰며
한바탕 제 집 휘돌 때 느끼다니
보고, 나서야 알게 됐으니

날개 없는 것들이란
비약도 쉽지 않지만 포기는 더욱 어렵다
인간은 추락하지만
날개 가진 것들은 스스로를
회귀라 하지
회귀의 반환점이 허공인 데 반해
추락의 반환점은 공허
아니면 공허지

숲이 어두워진 봄
거기 깃든 그림자 날개가 지워질 때에도
아아! 세상의 하염없이 지극한 환멸
환멸의 헉헉 숨소리
가슴이 공허로 만개하지
꽃 떠난 벌이여

밀원지 찾아 유영하다가
어느 날 갑자기
눈 떠보니 내 몸이 벌통이었으니
쿨럭쿨럭 누가 내 코에 호스를 박고
남김없이 꺼내 가버렸으니
본성은 본시 허공이었거늘
공허로 꽉 찬,
추락한 날개,
발목 굵어진 도보고행의
채밀 갔던 내 안의 벌들이
미처 회귀하기도 전에

문의 턱

알아서 기는 것이다
모든 문에는 턱이 있으니
안과 밖의 경계,
한정 지은
문의 턱

턱 없이 높은 문
사실은 턱없는 게 아닌
그건, 불가항력의
한 가늠선

안과, 밖의
맞닿아 있는
그러니
그 턱 타고 넘을 때는
읍하고 지나가라고

문을 열자

닭들이
세상의 아침으로 다투어 몰려나온다
턱없이 내리는
햇볕을 먼저 쬐려고

불길한 새벽

우둔한 미로

부질없는 희망

잠 속의 악몽이

잠을 온통 흔들어놓다가

몇 번인가 횃대에서 추락하는
꿈을 꾸다가

지친 새벽이 온다

배고픈 새벽이

불길한 새벽이

불행한 새벽이
……

세상은 여전히 시끄러울 것이다

울음은 고유명사였다

어쩌다가

지나온 길

가고 있는 길

가야 할 길

뒤범벅이 되어 있다

이 집단적인

비극적인 삶이

어디로?

무엇 하러?

무엇 때문에?

세월

세월 가는 소리 들립니다
세월이 세월을 데리고 가는 소리
기찻길 옆 오막살이
아우성하며 몸부림치며
끌려가는 소리 들립니다
아프고 시린 세월 잘도 갑니다
피 흘리고
으깨어지고
저항 한 번 못 해본 세월
잘도 갑니다
손 흔들고
대소변 보고
김밥 사 먹고 술 마시며 흔들흔들
가는 세월 잘도 보입니다
기찻길 옆 오막살이 횃대 위에서
칙칙폭폭 칙칙폭폭
잘도 들립니다

부대낌 없이

가슴 헤집는 칼날이 있다
예고 없이 찾아오는 이 고통의 실체
어떤 이름으로 불러줘야 할지

어쩌다 고통 없는 날일 때,
고통과 고통의 사이 드넓어질 때, 고통이
언제 다시 올지
도통 알 길 없을 때,

마음은 폭풍경보 내려진
해안마을처럼
초조하다 차라리
오고야 말 고통이 기다려진다

예리한 칼날이 어서 가슴을
한차례 헤집어놓고 떠나가기를

그 칼날의 도래를
기다린다 그리워한다

닭장 밖의 세상 꿈꾸며
나날들을 죽음에게로 흘려보낸다

눈 뜨면 거기 있는
채마밭 푸른 잎사귀들

언제나 조용하다 우열 없이
두서없이 상처받지 않고
늘 푸르러

눈부시다

재소자
— 행로를 이탈한

다시, 눈이 내린다 철망 안으로
바람에 접힌 눈송이들 날아 들어온다

게릴라 같다 밟아 없애도
없애도
끝내 살아남는다

현실의 철망 안으로
행로를 이탈한 눈송이들 날아 들어오고

한 식경 지나자
안팎이 한 지경으로
일색으로
하늘, 화안하다

죽기 전에
솟아날 구멍의 적설을
제설 작업하자

이번 폭설은 쉬이 그칠 것 같지 않아
날은 저물고
이제는 숫제 전면전으로
눈발 들이친다

겨울의 끔찍한 인해전술이다

알 대신 독을 품어야 하는
어둠이 온다

길이 없으니

뒤뚱거리며 닭의 떼들이
봄 뜨락으로 나들이 나온다
어디다 몸과 마음 부려두고 겨울 한철
칩거했는지

연록 풀잎들이 혓바닥 삐죽
침묵시위로
할 말들 밑도 끝도 없이 중얼거리는
세상 뒷길

살만 찌운 세월이었나
아니면 허송이었던가
또 아니면 없는 길 만들기
길 만들기의
그런 날들?

저 행렬의 맨 뒤에 서서
닭의 수피를 입은
무질서의 맨 끄트머리께

깃털 빠지고 벼슬 문드러진
다리 없는 맨다리가 노래하는 늙다리

폐경기 지난,
죽음 근처 늙다리가
고개 주억거린다

지난날 없으니 앞날도 없다는
그런 낯으로
무표정으로
맥 풀린 봄 길 위에 맥을 놓는다
길이 없으니 길 아닌 곳도 없는
그 늙음이

혼숙의 날들

가는 길이 가던 길로 바뀌고
친구가 적이 되고 적이
친구가 되고
화해가 새로운 음모가 된다

살려 애쓰다 보니 이렇게 됐다

적과 손잡고 친구를 버린다
친구와 어깨 끼고 적을 퇴치한다
적과 친구의 이름 나눠 가진

먼저 간 세대만 아름답다
그들의 싸움의 기록만 눈부시다

가는 길이 가던 길로 바뀌고
적과 동지를 다 용서한 채
그들은 떠났다

다시는 돌아오지 않을 것처럼

수탉

위풍당당했다
아름다웠다
가장 먼저 잠 깨어
새벽을 노래하던
그 힘찬 목소리에
앞뒤 산이 설레고 길이 열리고
그랬던 시절의 수탉은 권위주의자였다
확실히 지켜진 부계사회의
한 가장으로서 확고한 지위
위대했다
무정란이 대량 생산되기 전까지
성장 빠르고
경제성 뛰어난 외국산 닭들이
사육되기 전까지
모가지 비틀어도 새벽은 온다던

모르겠다는 것뿐

뛰어난 망각능력의 닭대가리에겐
원수가 없을 테니

오직 현재만 덩그라니
남아 있을 뿐일 테니

주린 배만 채우면 그만일 테니

살아 있으면 그만
현실을 손볼 일 없을 테니

부러운 3초의 기억력
3초의 대가리가 부러울 때가 있다

행복의 중심에
무정차로 질주해 정거하는
죽음의 고통도
3초가 지나면 말끔히 잊히는
단순성

추억을 버린다

점심상 앞에 앉기 전에
아침에 꿈꾸던 희망을 잊는다
유일한 고통은 오직 배고픔뿐

내가, 이곳
여기에 언제부터 있어 왔는가를
도무지 모르겠다는 것을
모르겠다는 것뿐

먹이의 사슬

목 굵고 짧은 것들은 본시
식욕도 왕성한 법
입고 난 모양새대로 족보 구분하지만
그것들은 무섭게 저돌적이지
입이 크므로

아가리가 몸을 지배하는 악어
놈들은 아예 모가지가 없지
피식자와 포식자의 관계는
타고나는 것
모가지 짧은 것들은
이름만 다를 뿐
먹이의 질서 속에서 보면 놈들은
다 같은 항렬이지

무슨 조화일까
모가지 긴 것들에게 날개 달아준 것
긴 모가지가 거추장스러워
달아날 때도 굼뜨니

차라리 수직으로 솟구쳐 달아나라고
허공을 다 줘버린 것 오, 하지만

나는 지금 추락한 날개를 얘기하고 있지
헛기다림에 목만 자꾸 길어지고
그러다 날개마저 퇴화해버린
백성들
본시 하늘이 고향이었을
몸이 곧 하늘이었던

지상의 닭들을

들어본 일 있는지

죽어가고 있는 닭
눈알이 고통으로 까뒤집히고
들어 올려진 다리가 디딜 곳 찾아
버둥거리는
부질없음을 알면서도
임박한 죽음을 유예시켜보려고
화석처럼, 무슨 물증처럼
조류의 일족이었음을 확인시켜줄 뿐
날개를 퍼덕거린다
순간, 으드득 목뼈 꺾이는 소리 들리고
저항력이 떨어지며
사지가 뻣뻣하게 굳어가기 시작할 즈음에야
땅 위로 던져진 닭의
마지막 고통 시간
절명을 기다리고 섰는 눈에 비친,
헤벌어진 주둥이 사이로 얼핏 보이는,
화살촉 혀가 떨리고 있음을,
유언처럼
어떤 중얼거림을,

끊임없이 반복하고 있음을,

그대, 들어본 일 있는지

겨울의 시절

오종종 서리병아리 한 떼

늦가을 햇빛 속에서 떨고 있다

누가 서정적이라 얘기하느냐

병아리들은 지금 햇빛이 춥다

이 가을 끝

겨울 오는 시절에

저를 낳아놓은 배때기가 밉다

우글거린다

한 세상이 한 세상으로 이어지는
협곡, 교각 없는
구름다리 위

상봉, 험로 먼 데
닭들이 우글거린다

자칫 발을 헛디디면
한 세상이 바뀌는

우리는

살아 있다
그들은 그렇게 떠나갔지만
한 세대가 자취 없이 먼저 갔지만
악착스레 더 많이
더 더럽게, 더 비굴하게
더 처절하게
그들이 비워주고 간 좁디좁은 거처
가득 메우고 아옹다옹
살아 있다 아무도 살아 있다고
말하지 않지만
분명히 살아 있다
누구나 그럴듯한 대의명분으로
정당한 이유를 가지고
각자 삶의 방식대로
생각대로 의지대로
이합집산하며
조금도 부끄럽지 않게
모두가 정정당당하게
너무도 떳떳하게

잔인하게
잘들 살고 있다 방방곡곡에서
방성대곡하는 새벽의 날들이
신기해 죽겠어
또록또록 눈알 굴리며
저마다의 머릿속으로
군림을 꿈꾸며

미운 오리새끼

닭장을 빠져나온 병아리
미끄럼틀과 그네를 오가며
생을 반추하네 치외법권 구역
방생의 안전지대

도달할 수 있는 끝까지
다 자라버린 은행나무
돋는 새순이 하늘하늘 저승을 날아가는
봄날 오후

노인정 갔던 할머니가 데리러 올 때까지
미끄럼틀, 미끄럼 길에서
벗어나면 안 되네
바퀴의 길은 위험해
흙 묻은 날개 톡톡 털다가

고개 꺾어 들고 쳐다보네
닮은꼴의 사방연속무늬
내 집이 저렇게 높은 곳에 매달려 있을 줄이야

개나리 아파트 단지
놀이터에서
개나리꽃 입 뾰족이 내밀고
할머니를 기다리네

동요를 배우면서
부리가 너무 커진 나는
난생 아닌 태생이었나
전생의 흔적, 배꼽에 날개 달린
미운 오리새끼

남대문시장

나는 새는 날아가고
낮은 데로 임한,

주저앉은 새들의 대지

옆구리로 빠져나온
하자품들의 거리

떡볶이와 순대와 돼지 머릿고기와
가락국수가 있고요

나는 새들이 벗어놓고 간
예쁜 옷이 있어요

슬픔이 있어요

아픔이 있어요

하자품이 순대를 먹는다

알고 보면 이것도 어느 하자품의 뱃속이었지

죽어서 비로소 꽉 찬 속
머릿속 지나온 길이
어느 발에 마구 밟히는지
사방에서 꼬꼬댁거리는
닭 울음소리에 해 떨어진다

주저앉은 새는
발목만 튼튼하면 돼

상표 없는 하자품이 순대 접시를 앞에 놓고
하품을 한다

미로

정방형 닭장은
보이지 않는 투명유리의 벽들이
앞으로만 내달리려는 닭대가리를 막는다
보이지 않으니 알 턱이 없지
어찌어찌 겨우 통과하긴 했지만
그 길은 다시 벽
미로 벽에 부딪힌 닭대가리는 닳아
서로를 바라보며 놈들은
주둥이 뭉툭한 놈을 우선 섬기려 든다
살 만치 살았으니까
세월의 무게에 축 처진 배때기
백태 낀 저 눈알 좀 봐
하지만 죽음의 길엔 서열이 없지
그 길 또한 미지이고 미로이니
어떤 손이 덥석, 덜미 낚아챌지
닭대가리는 미로를 헤매다가
미로에서 쓰러질 운명
유리벽이 저를 가둔 줄도 모르고
대가리 내밀고 앞으로만 내달린다

다행이다 다행이야
콩팥보다 작은 마음은
항문 근처 꽁무니에 매달려 있어
다칠 일 없으니
내달리며 퍼질러 놓은 똥오줌도
자신의 더러움은 이미 아니니

닭집 골목

행복하다, 닭

팔다리 잘리고 내장이 파헤쳐져 텅 빈 몸뚱어리로 죽어서도 아이와 함께 유모차를 타고 비닐봉지에 뚤뚤 말려 젊은 여자의 손에 이끌려 가고 아이가 흔드는 요령 소리 따라 저 많은 닭들이 호곡하는 가운데 유유히 떠난다 이 풍진 세상, 한도 많았다

영혼 없는 닭들의 골목
끝에서 끝까지 걸어서 5분
비린내를 숨 쉬고 가는
5분간의 보행 중

나는 본다 닭장에 갇힌 닭 껍데기가 벗겨진 닭 내장을 드러낸 닭 대가리가 없는 닭 깃이 빠진 닭 눈곱이 낀 닭 다리가 잘린 닭 비쩍 마른 닭 벼슬 붉은 닭 트럭에 과적된 닭 승용차에 올라탄 닭 목욕하는 닭 윤간당하는 닭 시위 중인 닭 절규하는 닭 분신하는 닭
닭, 닭, 닭, 닭들의

5분간이다 골목 지나는,
비린내로 울렁거리고
닭털 어지러운,
이웃이라고 세상 함께 뜨자며
눈알 빨갛게 울어들 대는

가시 돋친 마음이

까맣게 죽어
발톱 빠진 발가락
내려다보던
가시 돋친 마음이 길 떠난다

풍우 구만리 밤길 걸어
당도한
내 마음속 닭 우리

새벽이 곧 올 테지만
닭은 울지 않는다

욕으로 쿵 쿵 뛰는
내 가슴 속
양생 안 된 시멘트 무덤 속에서

무정란

본 적이 있는지
한 마리 암탉이 처음 낳은 알에
묻어 있는 피

가장 확실한,
분명하게 감지할 수 있는,
어떤 죽음의 흔적을

갑옷

63빌딩 수족관
잃어버릴라 일렬종대로 붙어 서서
외계를 기웃거리는 병아리들을
전기뱀장어는 무심하다
제 몸을 믿으므로
퇴화된 눈알
놈의 눈은 흔적기관이다

햄버거와 팝콘
고사리손들이 바쁘게 입을 들락거리고
너희들이 부화를 아느냐
뱃속 창자가 훤히 비치는
누드족 물고기 떼
투명한 속으로 투명 유리벽을
노크하기도 한다

생이 얼마나 먼 길인지 보여주려고
바다를 건너온 지느러미들

학습이 얼마나 중요한지 보라고
시간을 파닥거리는 병아리들

수족관의 투명 유리는
두 개의 세상을 동시에 보여준다

수영을 배우러 다니는 병아리가 있고
날개를 꿈꾸는 지느러미가 있다

자문

내 몸에도 붉은 피 돌고
돌고 있는가

피에 섞인 소금기
나도 세상의 소금인가

피울음 우는 깃털에서도
해가 솟는가

발가락이 딛고 선 길은 때로
하늘에 닿는가

고백
— 조류독감

닭고기를 먹지 않습니다
세 손가락 안에 드는 대형 유통회사에서
십 년 동안
트럭을 몰았습니다

실어 나른 닭이 대체 얼마인지
밤하늘 별들이 그만할지요

마지막 운전은 살처분이었습니다

운전대를 놓고
악몽을 지웠습니다

별 없는 잠을 새록이는

우리 아이들이 참 많이 아픕니다

아침 염탐

담장은 거기 왜 있어
너머를 기웃거리게 하는지

너머는 왜 있어
그리로 가고 싶은지

마음의 지붕 위에다 집을 짓는다
꼬리털을 뽑아 날개에 붙인다

몸이 좀 더 가벼워야지

사흘만 굶으면 별을 보겠다

어제도 그랬었는데

오늘도 그럴까

어제보다 담이 높은데

여전히 배가 고픈데

칩거

닭털침낭 하나로 겨울을 지냈다
겨우내 방 안에서, 닭털침낭 속에서
벗어나지 못했다

닭털침낭 속의 철학―

머릿속 잡념에서 제일 먼 발끝이
못 견디게 시려워
발가락만 꼼지락거렸다

마음이 가닿지 않는 어디로
날아가고 싶었다

아귀다툼으로 점철된 추억을 접고
돌아누워도 몸은 여전히
닭털침낭 안에 있었다

주인집 닭들이 울음의 날들을 이어갔다
깨어나면 뚝, 뚝, 끊어져

기억나지 않는 꿈을 꾸다가
문득, 문득
방문 너머 세상의 싸움질하는 소리를
들은 듯했다

몇 번의 눈이 내리고
세상은 얼마나
정적 쪽으로 기울어졌었을까 그러다
봄이 왔는지

주인집 닭들이 아주 가까이서
방문 밖 툇마루 근처에서
살아 움직이는 기척을 듣고
남은 체온을 털어내며 닭털침낭 밖의 세상으로
기어나왔다

환한 햇살에 갇히니 보였다
닭털침낭 어디에 구멍이라도 뚫려 있었는지
내 몸엔 몇 개의 닭털이 묻어 있었다

툇마루에 올라선 닭들을 쫓으며
닭털을 하나씩 떼어버렸다

아지랑이 아물아물
아직 차고 푸른 하늘 언저리
눈 시린 세상 너머로
그것들은 눈부시게 날아올랐다

해설

비천함 속에서 피어나는 생의 장엄함

임지훈

문학평론가

『닭』. 꿩과에 속하는 경제동물로 본래 동남아시아의 야생종이 기원이었으나 현재는 인류가 가장 오래 길러온 가축 중 하나로 전 세계에 분포하는 새의 일종. 오랜 세월 인간의 삶과 함께해 온 탓에 식문화나 농경문화를 비롯한 인간 문화 전반에 깊이 스며들어 있는 존재. 그렇다. 우리는 모두 닭을 잘 알고 있다. 아마 이 시집을 읽는 독자 가운데 닭을 한 번도 보지 못한 사람도 없을 것이며, 그것의 울음소리를 한 번도 들어보지 못한 사람도 없을 것이다. 그것을 먹어보지 못한 사람도 당연히 없을 것이고, 어쩌면 모든 동물 가운데 가장 친숙한 동물이 바로 닭이 아닐까 싶을 정도인데, 통계 조사에 따르면 전 세계에 분포하는 닭의 숫자는 평균적으로 약 260억 마리 내외이며, 이는 전 세계의 모든 새들 중 가장 많은 숫자라고 한다. 그러니까 닭은, 숫자로도 그렇고 문화적으로도 그렇고 우리 인간이 가장 친숙하게 접할 수 있는 동물이라 해도 과언은 아닐 것이다.

그렇다. 우리는 모두 닭을 알고 있다. 그게 어떤 동물이며 어떤 습성을 갖고 있으며 심지어는 어떤 '맛'을 지니고 있는지까지 우리는 모두 알고 있는 것이다. 어쩌면 우리가 닭에 대해 갖고 있는 지식은 닭 자신보다도 많을지도 모른다. 그런데 이것을 과연 안다고 할 수 있을까. 예컨대 인간 종이 다른 종에 대해 갖고 있는, 생물학적, 경제학적 관점에 따라 창출된 지식을 정말로 대상에 대한 '앎'과 등치시킬 수 있는 것일까? 가령, 우리가 지닌 '닭'이라는 종에 대한 지식은 존재론적 지식을 함유하고 있는 것일까? 물론 이러한 고민은 정말 불필요한 것이라 할 수 있다. 우리가 닭에 대해 알아야 할 지식이란 인간의 삶에 유용성을 제공할 수 있는 것이어야 하므로. 그러한 고민은 불필요한 오해만을 만드는, 혹은 기존의 지식 체계에 혼란만을 가져올 뿐인 무용한 것, 심지어는 유해한 것이라 할 수 있다.

그럼에도 나는 종종 그런 생각을 하곤 한다. 인간과 닭이 서로 다른 입장에 놓인다면, 그리하여 닭이 인간을 향해 자신의 앎을 과시한다면 우리는 그것을 과연 어떻게 받아들일 수 있을까. 예컨대 인간은 영장목 사람과에 속하는 종으로, 약 20만 년 전 아프리카에서 기원하였으며, 직립 보행과 고도로 발달한 두뇌에 따른 언어와 도구 사용을 특징으로 하는 '동물'이라는 식으로 말이다. 물론 우리는 지금 '닭'의 위치에 있으므로, 한낱 가축화된 경제동물의 일종으로서 그와 같은 상위 종의 지식을 거부할 수 있는 권리 따위는 없을 것이다. 그러나 이런 정도는 생각할 수 있지 않을까? '그게 '나'의 전부는 아닌데……'

물론 이런 식의 가정은 불필요하다. 어떠한 과학적, 경제적 지식도 창출하지 못하는 한낱 사변적 논의에 불과하다. 하지만 과학적, 경제적 지식을 창출하지 못하는 모든 질문이 불필요한 것일까? 오히려 그러한 유용성이 없음에도 우리의 흥미를 잡아당기는 질문이란 과연 얼마나 매력적인가. 그러한 의미에서 오늘 우리가 마주한 이 한 권의 시집도 마찬가지의 관점에서 우리의 흥미를 자극하고 있다 할 수 있다. '닭'이라는 흔하기 짝이 없는 사물을 제목으로 삼고 있음에도, 그 안에 담긴 이야기와 의미란 전혀 흔한 것이 아니기 때문이다. 오히려 일상적인 사물과 현상으로부터 새로운 종류의 존재론적 통찰을 이끌어내고자 시적 여정을 감행하고 있다는 점에서, '닭'이라는 이 흔한 사물을 제목으로 삼은 것부터가 하나의 시적 모험이라고 할 수 있을 것이다.

시인은 '닭'이라는 시집의 제목에 걸맞게, 다양한 방식으로 '닭'에 대한 앎을 추구한다. 때로는 우리가 일상에서 마주하는 '닭'의 모습을 주의 깊게 관찰하며, 그 삶의 양태 속에서 보편적인 존재론적 함의를 길어내기도 하고, 또 때로는 닭의 관점에서 세계를 바라보며 인간 사회가 품고 있는 구조적인 모순을 발견하기도 한다. 가령 「질서」나 「벼슬」, 「먹이의 사슬」, 「아침 염탐」 등의 작품은 시인이 관찰한 닭의 생태를 바탕으로 그들의 생리에 대해 서술하고 있으며, 「가는 길」이나 「역전을 꿈꾸지 않는다」와 같은 작품에서는 식용 재료로써 '닭'의 모습을 묘사하며 그 모습을 세밀하게 그리고 있다. 재밌는 것은 이것이 '닭'에 대한 이야기이면서도 오직 '닭'에 대한 이야기로 읽힐 수 없다는 것인데, 가령 「어두운 쪽은 어두운 쪽으로」에서는 '닭'의 모습을 통해 인간의 보편적 삶의 양태가 다음과 같이 그려지고 있음에 주목할 필요가 있다.

어두운 쪽을 오랫동안 응시하며 살았어
어두운 쪽은 늘 어두운 쪽이었는데
어두운 쪽을 밝은 쪽으로 바꿔보려 했었어
그건 햇빛을 거둬들이는 일
몇 날 며칠 햇살 끝을 끌어다가
어두운 쪽에 쟁여놓아도 어두운 쪽은
어두운 쪽이었을 뿐

내 세상 한 곳이 어두워 있었어

그게 늘 불만이었는데

이따금 세상의 모래톱에 몸을 묻었어

여름의 뜨거운 모래톱에 몸을 묻으면

아뜩한 현기증 속으로 세상은 한동안씩

흐름 멎어버리곤 했어

봄부터 예견했던 우기가 오고

비만 내렸어 내 집과 모래톱이

하룻밤 새 쓸려 내려갔지

오래됐지만 기억하고 있어

어두운 쪽은 늘 그렇게

어두운 쪽이었던

가끔 세상을 조깅하거나

날아오르려 기 쓰고 날개 퍼덕거릴 때에도

어두운 쪽은

언제나 어두운 쪽으로

―「어두운 쪽은 어두운 쪽으로」 전문

보편적으로 축사에서 살아가는 닭의 삶이란 좁고 어두운 곳에서 몸을 운신할 자유조차 제한된 채 살아가는 모습을 떠올릴 수 있을 것이다. 그 좁고 어두운 축사 안에서 살아가는 닭의 모습을 시에서는 "어두운 쪽을 오랫동

안 응시하며 살"아가는 일로, 그리하여 "내 세상 한 곳이" 늘 어두워 있는 삶이라 말한다. 물론 이따금 "세상의 모래톱", "뜨거운 모래톱"에 몸을 묻으며 느끼는 "아뜩한 현기증 속"에, 자신의 삶을 잠시 잊으며 어떤 위로를 얻기도 하지만 그것은 단지 일시적인 것일 뿐, "어두운 쪽은/ 언제나 어두운 쪽으로" 남아 변함없이 폐쇄적인 삶 속에 남겨져 있다. 그렇기에 시의 결구에서 화자가 "가끔 세상을 조깅하거나/ 날아오르려 기 쓰고 날개 퍼덕거릴 때에도/ 어두운 쪽은/ 언제나 어두운 쪽으로"라 말할 때, 여기에는 인간 중심의 사회에서 살아가는 '닭'이 경험할 수밖에 없는, 심지어는 그로부터 탈출할 수조차 없는 폐쇄적인 삶의 양태가 고통스러울 정도로 우리에게 가까이 다가온다.

그러나 더욱 참혹한 것은 이것이 '닭'의 이야기면서, 비단 '닭'의 이야기로만 경험될 수는 없다는 사실이다. 늘상 어두운 곳에서 살아가며 어두운 곳을 바라볼 수밖에 없는, 그렇기에 "어두운 쪽을 밝은 쪽으로 바꿔보려"는 시도조차 매번 실패할 수밖에 없는 삶은 단지 축사 속에 갇혀 살아가는 '닭'의 모습만은 아닌 것이다. 어떤 의미에서 그 발화가 '닭'이라는, 인간 사회 속에서 철저히 대상화된 존재의 입을 통해 발화된다는 점에서 그 비참한 양태는 생을 살아가는 존재 일반이 보편적으로 경험하는 양태라고 할 수 있을 것이다. 즉, 축사 속에 갇혀 어두운 곳에서, 어떠한 시도조차 차단되고 실패하면서 살아가는 것은 비단 '닭'뿐만이 아닌 것이며 문명이라는 울타리 안에서 살아가는 인간 또한 동일한 경험을 반복하고 있는 셈이다.

  오직 닭에 대해 서술하였을 뿐인 이 시집의 시편들은 오직 닭에 대한 것으로 읽힐 수 없다는 아이러니 속에서, 사실 '닭'보다 비참한 것은 인간일지도 모른다. 왜냐하면 적어도 이 시집에서 나타나는 '닭'은 자신이 '축사' 속에서 살아가고 있음을 알고 있으며 그 속에서 처하게 되는 존재론적 귀결을 예감하고 있는 반면, 그것을 읽는 우리는 인간 존재가 '문명'이라는 울타리 안에서 철저히 통제되며 살아가고 있음을 차마 짐작조차 하지 못하고 살아가기 때문이다. 우리가 느끼는 순간의 위로와 감상들이란 한낱 세상의 뜨거운 모래톱에 잠시 몸을 묻어 세상을 잊는 닭의 모습과 무엇이 다르다고 할 수 있을까. 그렇기에 다음의 시에서 나타나는 '닭'의 한탄은 여타의 시에서 인간 화자에 의해 발화하는 슬픔에 덧붙여 보다 구체화된 슬픔을 함유하고 있는 듯하다.

어떤 날은
현실이 지나치게 꼬여 있다는

내부가 얽히고설켜
도저히 풀 길 없다는 생각

도막도막 끊어내어
다시 조립하고 싶다는,

산과 나무와 돌들이
저들끼리 잘살고 나만 버렸다는,

현실의 담장 밖으로 나만 추방당했다는
닳아빠지게 내뛰어봤자
그래 봤자, 라는 생각

남는 건 절망과
부정뿐이라는,

견딜 수 없어라
내가 새벽으로 다시 돌아와 앉아 있는 새벽
내 안의 무언가가 끄륵끄륵
울음 삼키고 있는 게 있다

이 울음 그치면
나도, 라는
—「일상들」 전문

기실 '닭'이 문명 속에서 갖는 상징적인 의미들로 인해, 그"내부가 얽히고설켜/ 도저히 풀 길 없다는 생각// 도막도막 끊어내어/ 다시 조립하고 싶다는" 말은 내면에 대한 한탄으로 들리기도 하면서 그 몸 안의 장기들이 서로 뒤틀린 채 배열되어 있는 생물학적인 그로테스크한 이미지 또한 연상시킨다. 사실 모든 생물의 장기는 제한된 신체 내부에 가장 적합한 형태로 배열되어 있는 것이므로 그 얽히고설켜 있는 모습이란 생물의 효율을 위해 발생한 일종의 필연이라 할 수 있다. 그러나 이 시에서 그 필연은 단지 효율에만 관여되는 것이 아니라 '나'라는 존재가 현실에서 경험하는 "절망과/ 부정"의 근본적 원인으로 제시된다. 예컨대, 우리의 존재 양태가 그러한 까닭에 우리는 필연적인 절망과 부정에 휩싸여 있으며, 그것은 자신의 내장을 "도막도막 끊어내어/ 다시 조립하"지 않고는 치유될 수 없는 운명적인 것이라 할 수 있다.

 그렇기에 이 시에서 모든 존재는 견딜 수 없는 내면의 울음을 가진 채 살아갈 수밖에 없는 운명에 놓여 있다고 할 수 있는데, 문제는 이 울음이라는 것이 내뱉어질 수도 그 안에서 삭혀질 수도 없는 성질의 것처럼 보인다는 점이다. 흥미로운 것은 이것이 '닭'이 그 울음을 새벽녘마다 토해내는 이유에 대한 문학적이고 설화적인 설명이면서 동시에 모든 존재가 생을 살아가면서 감내할 수밖에 없는 존재론적 슬픔에 대한 이야기이기도 하다는 것이다. 특히 이러한 이중성은 「벼슬」과 같은 시에서 보다 직접적으로 나타나는데, 이 시에서 나타나는 '닭'들의 생은 가장 힘이 세고 강한 우두머리에 의해 폭력적으로 통치되는 약육강식의 세계를 직접적으로 보여준다.

저놈이야
벼슬이 있는 자를 조심해야 돼
큰 대가리 정수리 위에
벼슬을 달고 있는 저놈을 건드리지 마
놈은 힘이 세고
언제나 저의 힘 과시할 준비가 되어 있거든
절대로 놈과 눈 마주쳐선 안 돼
놈이 가까이 오거든 돌아서 버려
어쩔 수 없이 마주서게 되면
그땐 모든 걸 양보해야 돼
비겁한 게 차라리 나아
괜한 용기 부리려 하지 마
언젠가는 놈도 죽어 썩어질 테니
조용히 참으며 잠자코 기다려
놈에 대한 적의만 품고 살면 돼
마음만 용서하지 않고 있으면 돼

불상사는 언제나 약자에게만 있을 뿐이야
놈이 사라질 날 기다리며
우리끼리 살아가면 돼
저놈은 반성을 도통 모르는 놈이야
그래서 강해
놈이 미치면 누군가가 또 다치게 돼
어떤 이유로든 놈을 화나게 해선 안 돼
강한 만큼 우둔하고 단순하니까
벼슬의 힘만 믿고 더없이 오만하니까
혼자 있게 내버려 둬
그렇게 살다가 죽어 썩어질 거야
놈의 죽음에 눈물만 보태지 않으면 돼
— 「벼슬」 전문

어떤 이유에서인지 우리는 흔히 '약육강식'이라는 말에 포식자나 육식종, 혹은 우세종이 초식종이나 열세종을 억압하고 심지어 잡아먹는 '종'과 '종'의 충돌을 상상하곤 한다. 그러나 위의 시에서 다뤄지는 '약육강식'의 논리란 다른 '종'과의 마찰 속에서 나타나는 것이 아니다. 인간 사회 속에서 살아가는 '닭'이 마주하는 '약육강식'이란 철저히 같은 종 내에서 일어나는 사건이며, 결과적으로 한 마리의 '닭'이 다른 '닭'을 억압하고 통제하는 일이다. 제한된 공간과 제한된 먹이와 같이 폐쇄 환경이 초래하는 모든 가능성의 제한으로 인해 발생하는 이 약육강식은 그렇기에 저 시의 화자와 같은 상대적 약자에게는 극복할 수 없는 비극으로 존재한다.

그런데 이것이 과연 '닭'과 같은 동물의 일이라고만 치부할 수 있는 것일까. 예컨대 인간의 삶은 종과 종의 '약육강식'으로부터 서로를 보호하기 위해 발생한 사회 구성의 연대기라 할 수 있을 것인데, 아이러니는 그렇게 인간이 다른 종과의 '약육강식'의 환경에서 벗어나자마자 사회 속에서 같은 인간끼리의 '약육강식'의 상황에 떨어지지 않았던가? '사회', 혹은 '문명'이라는 울타리는 우리를 다른 '종'으로부터 지켜주는 역할을 하지만 아이러니하게도 그러한 통제는 곧 억압으로, 그리하여 모든 가능성을 제한하고 통제함으로써 인간끼리의 '약육강식'을 발생시킨 것이 아니던가. 그러한 의미에서 이 시가 제시하는 통찰이란 약육강식이 단지 '종'과 '종' 사이에서 발생하는 자연의 논리만인 것이 아니라, 같은 '종' 내부에서도 발생할 수밖에 없는 문명의 논리이기도 하다는 것이다.

사실 이 지점에서 어떤 독자는 그 해답이 바로 해방 혹은 탈주와 같은 것이리라 생각하고 있을지도 모르겠다. 그러나 그러한 행위가 온전한 해답이 될 수 없는 것은 마치 '닭'이 가축화됨에 따라 포식자로부터 도망칠 필요가 없어지고, 그에 따라 날개가 퇴화하여 완전히 비행 능력을 상실한 것처럼, 인간 또한 문명사회 바깥에서 살아갈 수 있는 능력을 점차 잃어가고 있기 때문이다. 아마도 시인은 그러한 인간의 생을 「먹이의 사슬」과 같은 시편들에서 추락할 운명에 놓인 날개와 같이 비유적으로 표현하고 있는 듯하다. 그런데 여기에는 또 하나 흥미로운 통찰이 눈에 띄는데, 그렇게 존재론적인 하강의 운명에 처해 있는 존재들을 향해 시인은 화자의 입을 빌려 "나는 새는 날아가고 낮은 데로 임한,// 주저앉은 새들의 대지"(「남대문시장」)와 같은 표현을 사용하며 그 생에 어떤 장엄함을 비추고 있다는 사실이다.

담장은 거기 왜 있어
너머를 기웃거리게 하는지

너머는 왜 있어
그리로 가고 싶은지

마음의 지붕 위에다 집을 짓는다
꼬리털을 뽑아 날개에 붙인다

몸이 좀 더 가벼워야지

사흘만 굶으면 별을 보겠다

어제도 그랬었는데

오늘도 그럴까

어제보다 담이 높은데

여전히 배가 고픈데
― 「아침 염탐」 전문

　이는 『닭』이라는 시집을 통해 시인이 비추고자 하는 궁극적인 메시지가 단지 '닭'과 '인간', 혹은 그 아종에 이르기까지 생을 가진 모든 존재가 갖는 슬픔과 고통만이 아님을 의미한다. 예컨대, 그들의 삶이 고통으로 점철되어 있다 할지라도, 그들의 생이 갖는 의미란 단지 슬픔과 절망만이 아닌 것이며 오히려 우리에게 중요한 것은 그 슬픔과 고통으로부터 야기되는 생의 절망 속에서 우리 삶이 가진 또 하나의 의미를 견인하는 일이다. 그러한 의미에서 바라보자면 앞서 언급한 「아침 염탐」과 같은 시에서 나타나는 '닭'의 모습이란 단지 담장을 넘어갈 날개를 잃어버린 나머지 주인이 줄 먹이만을 기다리는 수동적인 모습이 아니라, 스스로 밥을 굶으며 그 너머의 '별'을 탐하는 능동적인 욕망의 존재라는 사실에 보다 귀를 기울일 필요가 있다. 즉, 이 시집에 나타나는 모든 존재는 그 삶의 폐쇄성으로 인해 비극적 결말로 귀결될 운명에 놓여 있지만, 단지 그렇게 비극적인 결말에 이르기 위해 살아가는 것이 아니라는 사실이 중요한 것이다.

보다 정확하게 말하자면 그들 존재는 억압과 폐쇄적 환경 속에서 무언가를 추구하며 실패할 자유를 갖고 있다는 것이 이 시집의 핵심이다. 비록 그 시도가 '추락하는 날개'로 전락할지라도, 저 위의 시에서 화자는 스스로 밥을 거르며 몸을 가볍게 해 담장 너머로 날아갈 비행을 꿈꾼다. 비록 긴 생애 너머로 인간의 먹이가 되는 운명이 기다린다 할지라도, 「칩거」에서와 같이 고된 겨울을 견디며 겨울 언저리 피어나는 아지랑이에서 "눈 시린 세상 너머로", "눈부시게 날아"오르는 생의 약동을 예감하며 그것을 꿈꾸는 것이다.

더러운 곳에서 산다는 생각도 없이 살아간다

가두는 손 있으면 가두어지고
주면 주는 대로
굶기면 굶는 대로

그렇게 살다 가면 그뿐
버팀으로 무리 이루어

동시대를 그렇게 살다가

어느 날, 문득
그대들 곁에서 사라진 나를
발견하리라

오래 걸어 부르트고 굳은살 박인
불구의 발바닥 내려다보면서

지난 세월을 울리라

눈물 마른 가슴을 쪼며
— 「불구의 발바닥」 전문

    그렇기에 우리는 위에 언급한 「불구의 발바닥」이라는 작품을 읽으며 생의 고됨이 추인하는 슬픔에 공감하는 동시에, 단지 슬픔이라 말할 수 없는 기묘한 삶의 의지 또한 감각하게 되는 것이리라. 예컨대 화자가 "오래 걸어 부르트고 굳은살 박인/ 불구의 발바닥 내려다보"는 일은 단지 자기 삶의 고통과 회한을 반추하는 일에 머무는 것이 아니라 그렇게 지금 여기라는 시간 속에 당도한 생의 위대함 또한 함께하고 있는 것이다. 즉 생의 고됨이란 단지 삶이 힘들고 고통스럽다는 의미가 아니라, 그럼에도 불구하고 생을 살아가는 일의 장엄함이 늘 함께하고 있는 것이며, 그렇기에 이 시에서 화자의 입을 통해 쏟아지는 울음과 같은 언어들은 단지 울음이 아니라 이토록 견디고 감내해온 존재의 자기 극복의 역사 또한 함께 들려오는 것이리라.

그러니 이 시집을 읽으며 그 화자가 '닭'이라는 사실과 표면적으로 나타나는 비극적 정서에 매몰되어 그 속에서 숨어 있는 생의 장엄함을 독자들이 놓치지 않길 바라는 마음이다. 오히려 이 시집에서 나타나는 '닭'의 생의 비천함과 슬픔이란 생의 장엄함을, 어떤 순간에서 피어나는 '너머'에 대한 충동과 욕망을 효과적으로 견인하기 위한 장치라고까지 말할 수 있을 것이다. '생은 위대하다'고 말하는 대신 비천한 삶 속에서도 피어날 수밖에 없는 '실패를 향한 의지'를 형상화함으로써, 화자는 말보다 강한 장엄함을 이미지로 피워내고 있는 것이다. 그러니 이 시집의 끝에서 우리가 만나야 할 감정은 어떤 존재를 향한 동정이 아니라, 그 비천함 속에도 깃들어 있는 장엄함을 향한 경의가 아닐까 싶다. 그것이 '닭'이냐 '인간'이냐는 중요

하지 않다. 오히려 '닭'과 같이 스스로 날아갈 힘을 잃어 우리 안에서 가장 '낮은 곳'으로 임한 존재조차 그러한 생의 장엄함을 품고 있다는 사실에 주목하자. 그것은 당신의 일상 속에 잠들어 있던 장엄함을 일깨우는 계기가 될 것이니 말이다. 🔚

달아실시선 98

닭

1판 1쇄 발행	2025년 9월 17일
지은이	최준
발행인	윤미소
발행처	(주)달아실출판사
책임편집	박제영
기획위원	박정대, 이홍섭, 전윤호
편집위원	김선순, 이나래
디자인	전부다
법률자문	김용진, 이종진
주소	강원도 춘천시 춘천로 257, 2층
전화	033-241-7661
팩스	033-241-7662
이메일	dalasilmoongo@naver.com
출판등록	2016년 12월 30일 제494호

ⓒ 최준, 2025
ISBN 979-11-7207-068-7 03810

이 책의 일부 또는 전부를 재사용하려면 반드시 저작권자와 (주)달아실출판사 양측의 동의를 얻어야 합니다.

• 잘못된 책은 구입한 곳에서 바꿔드립니다.
• 책값은 뒤표지에 표시되어 있습니다.